Wilfried Hilgert

Wuleewu Kardoffelsupp

1. Auflage November 1990

2. Auflage Januar 1991

3. Auflage März 1991

4. Auflage September 1991

Verlag: Wilfried Hilgert, Schmitt-Horr-Straße 10
6537 Horrweiler, Telefon (0 67 27) 83 12 + 244
Telefax (0 67 27) 12 58

Gesamtherstellung: Grolsheimer Verlagsanstalt

ISBN 3-924824-78-9

Wuleewu Kardoffelsupp

Französische Ausdrücke
und Redewendungen
in der rheinhessischen Mundart

von Wilfried Hilgert

Illustrationen
von Johannes-Maria Rohr

1990

Zur dritten Auflage

Daß auch die zweite Auflage von ,,Wuleewu Kardoffelsupp'' so rasch vergriffen war, zeigt wie sehr es an der Zeit scheint das schwindende französiche Erbe in einem umfassenden und zugleich unterhaltsamen Nachschlagewerk — auch für spätere Generationen — zusammenzutragen.

Weit über die Grenzen Rheinhessens hinaus hat dieses Bändchen Freunde gefunden. ,,Ein Taschenbuch, das es in sich hat'', so der einhellige Tenor der Presse.

Mit dazu beigetragen haben die humorvollen und gelungenen Illustrationen von Johannes-Maria Rohr. Seine Zeichnungen entführen auf amüsante Weise in jene Zeit, aus der die meisten der genannten Worte stammen.

Erläuternd und erleuchtend geben sie Zeugnis einer kurzen, aber noch heute nachwirkenden Epoche.

Wilfried Hilgert

Zum Geleit

Wenn ich in den 30er Jahren als Schulbub bei meinen Großeltern in Wörrstadt, mitten in Rheinhessen also, die Sommerferien verbrachte, lernte ich sehr rasch „Rhoihessisch''. Dort außerdem ansässige bäuerliche Verwandtschaft, mit der es „zum Frucht abmache'' und „in de Herbscht'' hinausging und wo der derbe, herzhafte Spaß blühte, trug absichtslos dazu bei.

Eingedenk des Hochdeutsch, das der Lehrer an der Schule in Bingen uns beizubringen bemüht war, staunte ich da über manchen verkehrten Gebrauch des Artikels (wie „hol emol de Butter aus em Keller'' — Kühlschränke hatte man damals noch nicht) und über fremde Klanglaute, die in einem fort zu vernehmen waren.

Da war die Rede vom „Wäschlavor'' (mit zugehöriger Wasserkanne, im sogenannten Fremdenzimmer stehend), vom „Paraplieche'' (das die Oma bei Regen aufspannte, um einkaufen zu gehen), oder daß „es Hussje'' bei jemand in der Nachbarschaft den Kuckuck geklebt habe und anderes mehr. Abends, von soviel Gehörtem und der Landluft müde, mußte ich „dusswitt'' ins Bett.

Die Oma brachte mich auch mit dem Zug zurück, und ich wunderte mich nur, daß sie am Fahrkartenschalter „e Billjettche'' verlangte und es nachher dem „Kondukdeer'' (statt dem Schaffner) vorzeigte. Die Eltern aber waren zuerst entsetzt über die angelernten Ausdrücke, die ich da mitbrachte, und nicht nur darüber, daß ich sie mit den Worten begrüßte: „Wir haben Euch auch e Fäßje Woi mitgebrung!''

Das waren — wie mir später bewußt wurde — die ersten Kontakte zu „Französisch in der rheinhessischen Mundart", und da mich die Liebe zu den Wurzeln und der Bildhaftigkeit der Ausdrucksweise meiner Heimat bald forschen, sammeln und schreiben ließ, vermißte ich eine mit Sorgfalt und Herz (beides braucht man) gestaltete Sammlung aller Wörter französischen Ursprungs hierzulande. Wilfried Hilgert, der dichtende Winzer, hat sie nun vorgelegt.

Rasch Fremdes aufnehmend und sich geistig einverleibend haben die Rheinhessen die meistens reichlich unfreiwillig (von Besetzern) gehörten Wörter zu den ihren gemacht, sie verballhornt. Was einst so an französischem Sprachgut in allen Akten (der Gemeinde, der Gerichte, der Notare) sich fand, was Bestandteil der Umgangssprache war, es verblaßt immer mehr, und wo es noch vorhanden ist, kennt man den Sinn kaum noch. Darum ist es verdienstvoll, daß der Autor sich zudem um die Worterklärung bemüht hat, auch in Form treffsicherer Vierzeiler, die jede Seite des Bändchens einleiten.

Vielleicht ist es kein Zufall, daß „Wuleewu Kardoffelsupp" in einer Zeit erscheint, in der die deutsch-französische Freundschaft eine Selbstverständlichkeit geworden, die einstige angebliche „Erbfeindschaft" längst begraben und die Befruchtung einander verwandter Kulturen (was nicht heißen muß: ihre Vermengung) als bereichernder Vorgang erkannt ist und in vielen Partnerschaften gepflegt wird.

Hans-Jörg Koch

Vorwort

Eigentlich hatte ich mich schon immer gefragt, woher manche dieser Wörter stammen, welche mir durch die Mundart so vertraut sind. Die ich schon als Kind kennenlernte und deren Ursprung mich besonders zu interessieren begann, als ich ein paar Verse über sie schrieb. Ich stellte fest, daß mehr Wörter aus dem Französischen stammen als ich zu ahnen vermochte.

Nun wollte ich noch mehr erfahren. Das Durchforsten der vorhandenen Literatur war die eine Quelle. Die andere waren Personen, die ich ansprach: Bekannte, die besonders rührig waren. So stieß ich auch auf viele Wörter, die heute der Vergangenheit angehören, aber vielleicht gerade deshalb festgehalten zu werden verdienen. Es sind Begriffe, die bei unseren Ahnen noch so allgemein waren, daß sie als Bestandteil der Volkssprache angesehen werden konnten, und auch vollständig den Lautgesetzen der Mundart unterworfen waren.

Nicht alle stammen dabei aus der Zeit von 1797 bis 1814 als Rheinhessen französisch war und zum Departement Donnersberg (département Mont Tonnere) gehörte. Es umfaßte Rheinhessen und die Pfalz und bestand aus 37 Kantonen.

Bereits mit dem letzten Drittel des 12. Jahrhunderts beginnt ein breiter Strom französischer Wörter über die deutsche Sprache hereinzubrechen. Während der Zeit von 1618 bis zum Beginn der eigentlichen französischen Herrschaft 1797 war den Bewohnern immer wieder Gelegenheit gegeben, das Französische reden zu hören und selbst zu sprechen. Bedenkt man, daß schon vor 1797 mancher französische Soldat in dem besetzten Lande zurückgeblieben ist, dort geheiratet hat und ansässig wurde, so ist es wohl zu verstehen, daß französische Eindrücke in die Mundart eindrangen und erhalten blieben.

Den stärksten Einfluß bei der Durchsetzung der Sprache mit französischen Ausdrücken übte die Zeit der französischen Herrschaft unter Napoleon I. von 1797 bis 1814 aus. Was nun die Jahre nach 1814 betrifft, so sind keine bedeutenden französischen Einflüsse mehr zu verzeichnen. Auch die beiden großen Weltkriege im 20. Jahrhundert haben kaum zu einer Erweiterung des Sprachschatzes beigetragen. Im Gegenteil ist es sogar zu einem weiteren Rückgang gekommen.

Es würde den Rahmen dieses Buches sprengen, alle aus dem Französischen stammenden Wörter, welche wir in unserer Mundart verwenden, hier anzuführen. Viele sind Allgemeingut der Hochsprache. Verwendung fanden hiervon nur Begriffe, welche einen besonderen mundartlichen Reiz oder eine andere Bedeutung haben. Überwiegend sind also rein mundartliche, teilweise sogar nur ortsbezogene Wörter aufgeführt. Wörter nur wegzulassen, weil sie im Duden stehen? Damit konnte ich mich nicht anfreunden. „Bagaasch", „Buddick", „Troddewaa" und manche andere mehr wären entfallen. Andererseits wollte ich den Umfang dieses Buches nicht ins Uferlose wachsen lassen. Hunderte von bekannten Begriffen, von denen allenfalls interessant gewesen wäre, daß sie aus dem französischen Sprachschatz stammen, habe ich daher nicht verwandt.

Daß es d e n rheinhessischen Dialekt nicht gibt, zeigt sich allein schon an der Endung „iere" bzw. „eere". Quer durch Rheinhessen bis in die Pfalz hinein zieht sich die Sprachgrenze. Die Linie setzt zwischen Oppenheim und Nierstein an und verläuft bis zum Donnersberg. Wird südlich dieser Linie die Endung „iere" gesprochen, so sagt man nördlich davon „eere". Nur Bingen und Mainz machen eine Ausnahme. In der Landeshauptstadt heißt es z.B. oft „irn". Da „iere" als Einfluß der Schriftsprache am verbreitesten bei uns ist, habe ich diese Schreibart im vorliegenden Buch gewählt und auch sonst Abstriche an meiner heimatlichen Mundart gemacht. Schließlich umspannt der Bogen der hier angeführten Wörter ganz Rheinhessen, die untere Nahe und reicht sogar bis in die angrenzende Pfalz hinein.

Unser Mundartschatz erfährt eine ständige Wandlung — und Abnahme. Das kann niemanden verwundern. Verwunderlich ist eher, daß auch heute noch ein Mensch, der kaum bis drei zählen kann, eine deutsch-französische Wortbildung mit sieben Silben in Null Komma nichts herunterzurattern vermag: VERKASSEMADUGGELE. Das Wort stammt von frz. *casemate* (Bunker).

Im Gegensatz zur Schriftsprache, welche die Schreibart und Sprechweise der fremden Wörter beizubehalten sucht, ist es eine Eigentümlichkeit der Mundart, die aufgenommenen Fremdwörter möglichst den herrschenden einheimischen Laut- und Betonungsgesetzen zu unterwerfen. „Fällt von ungefähr ein fremdes Wort in den Brunnen einer Sprache, so wird es so lange darin umgetrieben, bis es ihre Farbe annimmt und seiner fremden Art zum Trotze wie ein heimisches aussieht." (Grimm)

Mit der nachfolgenden Lektüre habe ich den Versuch gewagt, in einer unterhaltsamen Form einen geschichtlich bedeutsamen Abschnitt unserer Vergangenheit in seiner volkseigenen Verarbeitung einmal möglichst umfassend aus dem Blickwinkel von heute darzustellen.

Dem Leser wünsche ich die gleiche Entdeckerfreude wie ich sie beim Erforschen so vieler Wörter verspürt habe. Möge diese Publikation weitere Anstöße und Anregungen bringen. Denn auf Vollkommenheit erhebe ich keinen Anspruch.

Bei allen Informanten möchte ich mich an dieser Stelle sehr herzlich für ihre Mithilfe bedanken.

Der Autor

Zur leichteren Lesbarkeit

Die aus dem Französischen stammenden Wörter sind in Großbuchstaben gedruckt; gleich daneben findet sich die Bedeutung. Darunter steht das französische Ursprungswort. Hier ist eine Bedeutung nur angegeben, wenn sie von der mundartlichen abweicht.

Abkürzungen

afrz.	=	altfranzösisch
d.h.	=	das heißt
frz.	=	französisch
jmdm.	=	jemandem
jmdn.	=	jemanden
mfrz.	=	mittelfranzösisch
pl.	=	plural

Werden Wörter in der Mundart anders betont als im Französischen, so ist der betonte Buchstabe fett gedruckt.

Nasalvokale (durch die Nase gesprochen) werden vereinfacht als aa — aantree für *entrez,* oo — Plafoo für *plafond* oder ää — plää für *plein,* wiedergegeben.

Im Anhang stehen noch einmal alle aus dem Französischen stammenden Wörter in alphabetischer Reihenfolge mit Angabe der Seitenzahl.

Wuleewu Kardoffelsupp

Was sich so ooheert wie chineesisch,
das kimmt so manchem spanisch vor.
Debei do isses rein franzeesisch;
uff Mundart richdich was fors Ohr.

Franzeesisch lerne mer jo speelend,
do mache mer noch in die Hos,
un kenne, wammer so verzehle
wie die Franzose dorch die Noos.

KOMPRIE is grad so uns geleifich
wie APROPO un SO LALA;
PASSAWEL heert mer noch so heifich
wie — o PARDONG! — e PISSEWAA.

KOMPRIE — verstanden
compris

APROPO — übrigens
à propos

SO LALA — eben so
là là

PASSAWEL — annehmbar
passable

PARDONG — Verzeihung
pardon

PISSEWAA — Bedürfnisanstalt für Männer
pissoir

Die SCHOSSEE dut am Ort naus fehre,
die Nochberschaft wohnt WISAWIE,
es TRODDEWAA das muß mer kehre,
de enge REIL degeje nie.

SCH**O**SSEE — Landstraße
chaussée

WISAWIE — gegenüber
vis-a-vis

TR**O**DDEWAA — Bürgersteig
trottoir

REIL — enger Durchgang zwischen Häusern
ruelle

NIX GAMPRA heescht nix VERKUMPRANE,
im 'anner Fall seet mer: WUI, WUI;
soi PROFERANZ die dut mer plane,
bei de DEPANSE schafft mers nie.

NIX G**A**MPRA — nicht verstehen
comprendre — verstehen

VERKUMPRANE — verstehen
comprendre

W**U**I, W**U**I — ja, auf jeden Fall
oui, oui

PROFERANZ — Vorwärtskommen
préférence

DEPANSE — unnötige Ausgaben
dépense

Uff es TAPETCHE dut was kumme,
es werd wo lang GEDISCHKERIERT;
SODISSE die sein was for Dumme,
REPROSCHE manchesmo verkehrt.

TAPETCHE — etwas auf das Tapet, d.h. zur Sprache bringen; das Tapet war ursprünglich eine Decke auf einem Konferenztisch
tapis — Teppich

GEDISCHKERIERE — freundschaftlich diskutieren
discourir — schwatzen, lang und breit reden

SODISSE — Dummheiten
sottise

REPROSCHE — Vorwürfe
reproche

Ganz sachde, das heescht DUSEMENTCHE;
for lässich seet mer aach LESCHEER;
KOMSI KOMSA soon manche Mensche;
sich AGIDIERE is net schwer.

DUSEMENTCHE — ganz sachte, langsam
doucement

LESCHEER — leicht, lässig, ungezwungen
léger

KOMSI KOMSA — so lala
comme ci comme ça — soso (lala)

AGIDIERE — (sich) aufregen
agiter

Wer mo e LABBING in soim Gaade,
schennt: SAPPERLOT! un SAKRADIE!,
rieft: EI DER DAUS, aus de Tomade,
du wersch GESCHASST... un kriet en nie.

LABBING — Kaninchen
lapin

SAPPERLOT! — Ausruf des Unwillens
saprelotte!

SAKRADIE! — heiliger Bimbam!
sacré nom de Dieu! — heiliger Name Gottes

EI DER DAUS! — Ausruf des Erstaunens
dous (afrz.)

SCHASSE — jagen
chasser

Was hot mer alsemo for FURI
un met de Aawet so soi SCHUR;
e ANDUDDEL das is koo Schluri;
wer an de Reih is hot DISCHUR.

FURI — Durcheinander
fourbi — Krempel, Wust

SCHUR — Arbeit, Last, man hat seine Schur
jour — Tag

ANDUDDEL — Schimpf- und Kosename, auch Darmwurst
andouille — Wurst

DISCHUR — dischur haben, bedeutet an der Reihe sein
du jour — des Tages

Bei TUTMEMSCHOS is oons wie's anner;
for immer seet mer aach DUSCHUR;
was for URAASCH!, heescht Dorchenanner;
wo was GEBONGT is mer ASCHUR.

TUTMEMSCHOS — ganz das gleiche
toute la même chose

DUSCHUR — immer
toujours

URAASCH — Durcheinander
ouvrage — Arbeit, Umstand

GEBONGT — etwas abgehakt haben
bon — Gutschein

ASCHUR — alles erledigt haben, mit etwas auf dem laufenden sein
à jour

Heeschts ALLO!, dann werd sich gedummelt,
un aach bei ALLEE! giehts DUSWIT;
bei TRAWAJEE do werd gebummelt,
DUSMAA! rieft mer dann alleritt.

ALLO! — vorwärts! kommt!
allons!

ALLEE! — auf, vorwärts!
allez!

DUSWIT — sofort
tout de suite

TRAWAJEE — arbeiten
travailler

DUSMAA — langsam, sachte
doucement

Am liebschde dut mer RUMFLANIERE,
gieht MOONDER, statt uff alle Vier;
wer nix wie nor am RUMPUSSIERE,
der brauch halt ebbes zum PLÄSIR.

RUMFLANIERE — bummeln
flâner

MOONDER — Moonder gehen, d.h. einen Schaufensterbummel machen
montre — Schaufenster

RUMPUSSIERE — flirten
pousser

PLÄSIR — Vergnügen
plaisir

So mancher der sucht nor AMURE
un hält das for ALABONNEER —
de KODILLJONER dut druff lure;
ganz annerschder e GRAASENJEER.

AMURE (pl.) — Liebschaften
amour — Liebe

ALABONNEER — so ist es gut, recht
à la bonheur

KODILLJONER — ein Kodilljoner ist ein Schürzenjäger
cotillon — Unterrock

GRAASENJEER — vornehmer, weltgewandter Mann
grand seigneur

Is e SCHARMEER am KARRESSIERE,
dann macht er das ganz PEE A PEE,
er will sich jo halt AMISIERE,
un find es TET A TET so schee.

SCHARMEER — einschmeichelnde Person
charmeur

KARRESSIERE — Liebschaften suchen
caresser — liebkosen, streicheln

PEE A PEE — allmählich
peu à peu

AMISIERE — sich vergnügen
amuser

TET A TET — zärtliches Beisammensein
tête à tête

Wann zwaa sich richdich ESCHDEMIERE,
gibbs hinneno als e MARIAASCH;
un dun se was VERAKEDIERE,
giehts meerschdens um die BAGGELBAASCH.

ESCHDEMIERE — achten, wertschätzen
estimer

MARIAASCH — Heirat, Ehe
mariage

VERAKEDIERE — vereinbaren, zugeben
accorder

BAGGELBAASCH — Habseligkeit; verformt aus bagage und équipage
bagage — Gepäck
équipage — Plunder

Met de KAROSS ERUMSCHOFFIERE,
un alle Leit die stiehn SPALIER,
das dut manch Mädche OOWISIERE —
hätt se doch nor e KAWALIER!

KAROSS — von Pferden gezogener Prunkwagen
carosse

ERUMSCHOFFIERE — fahren
chauffeur — Fahrer

SPALIER — Menschengasse
espalier

OOWISIERE — etwas als Ziel ins Auge fassen
viser

KAWALIER — Freund, Begleiter eines Mädchens
cavalier

Es macht so mancher wem AWANXE,
er setscht ANNONXE in die Welt
un denkt: ei herrich doch nor SCHANXE
bei ner MAMSELL, wo mer gefällt.

AWANXE (pl.) — Avancen machen, d.h. jmdm. zu erkennen geben, daß man sich für ihn interessiert
avance

ANNONX — Zeitungsanzeige, Inserat
annonce

SCHANX — günstige Möglichkeit
chance

MAMSELL — Fräulein
mademoiselle

Weils SCHAMBERGARNIE schun meewliert is,
brauch mer do koo AMEEWLEMAA;
de LAMBERKEE hängt zum Verziere
am Finschder unner de PLAFFOO.

SCHAMBERGARNIE — möbliertes Zimmer
chambregarni

AMEEWLEMAA — Wohnungseinrichtung
ameublement

LAMBERKEE — Querbehang an Fenstern
lambrequin

PLAFFOO — Decke eines Raumes
plafond

E TABURETT das is koo Lokus,
e Schemel awwer e SCHAWELL;
de Hinnere dee nennt mer DOOGES,
de Lehnstuhl manchmo noch FODELL.

TABURETT — niedriger Sitz ohne Lehne
tabouret

SCHAWELL — Schemel
javelle — Reisig-, Lattenbündel

DOOGES — Hintern; zumeist wird jiddische Herkunft angenommen
dos — Rücken

FODELL — Lehnstuhl
fauteuil

E alt SCHABELL is kaum rebellisch,
doch e RABALLJEMENSCH oft bees;
met jemand, der wo so REWELLISCH,
do speelt mer aach koo KLICKERCHES.

SCHABELL — alte Jungfer; Spottnahme ohne verletzen zu wollen, ähnlich wie wenn man sagt: Altes Haus
chapelle — Kapelle

RABALLJEMENSCH — lautes, energisches, aber minderes Frauenzimmer; in Rheinhessen gebraucht man die Bezeichnung „das Mensch" abwertend für eine weibliche Person
racaille — Gesindel

REWELLISCH — herumrumoren, alles aufrührerisch machen; das Wort kommt nicht von Rebell
réveiller

KLICKERCHES — ein Klicker ist eine kleine, runde Marmorkugel (Murmel)
cliquart — Baustein

Am scheenschde is es Wertche SCHAMBEL,
was im DUSETTCHE so gefällt;
doch ÄR bascht besser zu de Trampel;
e DUSSEER das is Egschdrageld.

SCHAMBEL — kosende Anrede
ma jeune belle — meine junge Schöne

DUSETTCHE — Schätzchen
doucet

ÄR — Aussehen, meist in schlechtem Sinn gebraucht
air

DUSSEER — Trinkgeld
douceur

Ins SUTERRÄNG do giehts enunner,
es Erdgeschoß leit im PARTERR;
vun de MANSARD kimmt mer erunner;
es WÄSCHLAVOR is Wäschgescherr.

SUTERRÄNG — Kellerwohnung
souterrain

PARTERR — Erdgeschoß
parterre — Beet

MANSARD — Dachgeschoß
mansarde

WÄSCHLAVOR — Waschbecken mit Kanne
lavoir

Wo e KOMMOD un e WITRINE,
e PLISCHSOFA un e SCHÄSSLONG,
sein KAUTSCH un KANNEBEE se finne
un e KREDENZ im EßSALONG.

KOMMOD — Truhe mit Schubladen
commode

WITRINE — Glasschrank
vitrine

PLISCHSOFA — Sitzmöbel mit samtähnlichem Stoff
peluche

SCHÄSSLONG — Liege
chaiselongue

KAUTSCH — Liegesofa
couch

KANNEBEE — Sofa
canapé

KREDENZ — Anrichte
crédence

EßSALONG — Eßzimmer
salon

Aus de LAMÄNG dut mer was mache,
in die BREDULLJE kimmt mer nin;
uff de STELLAASCHE do stiehn Sache
un aach in ETASCHEERE drin.

LAMÄNG — aus der Hand
la main

BREDULLJE — Bedrängnis
bredouille

STELLAASCH — Gestell
stellage — Stellgeschäft

ETASCHEER — Regal, Gestell
étagère

E KAPOTHIETCHE is es Letschde;
e TOK hot e besonner Form;
de sundaachs HABIT is de beschde;
e SCHAPPO KLACK jo net die Norm.

KAPOTHIETCHE — veralteter Frauenhut
capote

TOK — weiblicher Hut mit besonderer Form
toque

HABIT — Anzug
habite

SCHAPPO KLACK — zusammenklappbarer Zylinderhut
chapeau claque

E SCHAPPEL dut de Kopp bedecke,
un e LAWALLJE bind mer um;
e SCHINJOO is for uffsestecke;
e KRINOLIN gieht runderum.

SCHAPPEL — Brautkranz
chapel (afrz.) — Hut

LAWALLJE — eine Art Krawatte als Schleife gebunden
lavallière — Halsbinde mit großer Schleife

SCHINJOO — Haarknoten
chignon

KRINOLIN — Reifrock, weiter Frauenrock
crinoline

Mer dut sich aus bis uffs SCHEMIESJE,
stieht in de UNNERTALLJE do;
in e KORSETT zwängt mer soi Bißje,
de Rescht verschwind im KODILLJO.

SCHEMIESJE — Unterhemd
chemise — Hemd

UNNERTALLJE — eine Art Leibchen der Frauen, das aus glattem Stoff genau nach Körperform gearbeitet ist
tailler — einschneiden

KORSETT — Mieder
corset

KODILLJO — Unterrock
cotillon

E KIDDEPARI dut verdecke,
e KAMISOL is for im Haus,
e FISCHEE das hot soi drei Ecke
un e MANTILL is was for draus.

KIDDEPARI — Früher trugen die Frauen zur Abrundung der hinteren Front ein Kiddepari, eine Einlage unter dem Kleid
cul de Paris — Pariser Hintern

KAMISOL — enganliegende Jacke
camisole

FISCHEE — dreieckiges Halstuch für Frauen
fichu

MANTILL — Umhang der Frau
mantille

Ganz owwe e KIREE dut stiehe;
die LAMBERIE läft unne her;
e FUSSELCHE das dut wo flieje,
un bei de Dier hängt e PORTIEER.

KIREE — Pelzmantel, Pelzrock
cuiré

LAMBERIE — niedrige Wandverkleidung
lambris

FUSSEL — kleines (Woll)fädchen oder Faserstückchen
ficelle — Bindfaden

PORTIEER — schwerer Türvorhang
portière

So manches aus BADISCHT das hammer
un geje Käll e PALLEDO;
de PLISSEEROCK nor — was e Jammer! —
der hot SCHANGSCHIERT met oonem mo.

BADISCHT — feines Gewebe
batiste

PALLEDO — Mantel
paletot

PLISSEEROCK — Faltenrock
plisser

SCHANGSCHIERE — die Farbe wechseln
changer

Wanns kalt is dut e BALDIEN schitze;
e KASCHNEE hält genau so warm —
e FULAR dut do net veel nitze;
e MALWISCH das is alde Kram.

BALDIEN — Halstuch; man wickelt sich einen Baldien um den Hals
palatine — Pelzkragen

KASCHNEE — eine Kaschnee ist ein Schal
cache-nez — verhülle die Nase

FULAR — Seidenschal
foulard

MALWISCH — schlechtes altes Kleidungsstück
mal-wisch

E SCHNILLJESCHAL dut mer DRAPIERE,
was for e SCHILLEE jo net gut;
so manches dut mer APPREDIERE;
de KANEWAS vun selbscht das dut.

SCHNILLJESCHAL — Kopftuch aus schwarzem Plüsch
chenille — Raupe

DRAPIERE — kunstvoll in Falten legen
draper

SCHILLEE — Weste
gilet

APPREDIERE — stärken
apprêter

KANEWAS — gitterartiges, gestärktes Gewebe
canevas

E BLIMMO dut mer iwwerziehe,
in die GALOSCHE steit mer nin;
e SCHÄRP die kammer heit noch siehe,
doch e SCHMISETT is nemmieh in.

BLIMMO — Federbett
plumeau

GALOSCHE (pl.) — Überschuh (aus Gummi)
galoche

SCHÄRP — schalähnliches Band
écharpe — Armbinde

SCHMISETT — gestärktes Vorhemd
chemisette

E schee LIWREE macht oom de Schneire,
aach e KOSCHDIEM un e SCHACKETT;
e WAMMES der is um so weire
je dicker vun em PANS es Fett.

LIWREE — Kleidung, Uniform
livrée

KOSCHDIEM — zweiteiliges Kleidungsstück
costume

SCHACKETT — Jacke zum Herrenanzug
jaquette

WAMMES — Wams
wambais (afrz.)

PANS — Wanst
panse

E BROSCH dut mancher Fraa gefalle
genau so wie e BRASELED;
AGRAFE dun was sammehalle,
un e KOLLJEE mer gere hätt.

BROSCH — Anstecknadel
broche

BRASELED — Armband, Armreif
bracelet

AGRAF — Spange
agrafe

KOLLJEE — wertvolle Halskette
collier

Zum LECHEM zähle aach KARODDE;
e KRUSCHEL hot soi aije Art;
an Zwiwwele sein lange SCHLODDE,
an KUMMERE werd net gespart.

LECHEM — Gemüse
légume

KAROTT — Mohrrübe
carotte

KRUSCHEL — Stachelbeere; auch abschätzig für sonderbare weibliche Person
groseille

SCHLODDE (pl.) — hohes Pflanzenblatt der Zwiebel
échalotte

KUMMER — Gurke; auch Bezeichnung für eine (große) Nase; das Wort ist über die elsässische Verballhornung des Wortes „Kukummer" zu uns gekommen
concombre

E dumm Gescherr is e doll DUNSEL,
es gut Gescherr nennt mer SERWIES;
in de ALKOV do hängt e Funsel,
uff de TERRASS als e MARKIS.

DUNSEL — einfältiges Mädchen
doncelle

SERWIES — Geschirr
service

ALKOV — Bettnische
alcôve

TERRASS — größere Fläche an einem Haus
terrasse — Erdaufhäufung

MARKIS — aufrollbares Sonnendach
marquise

E SCHADELENGKETTCHE das hatt mer
so wie er BERLOG an de Uhr;
MENAASCHERIE for Diere saat mer
un for gundach aach als BONGSCHUR.

SCHADELENGKETTCHE — Kette an der Taschenuhr
châtelaine — Gürtelkette

BERLOG — Uhrgehänge
breloque — Armbandanhänger

MENAASCHERIE — Haustierhaltung, Tierschau, Sammlung von Tieren
ménagerie

BONGSCHUR — guten Tag
bonjour

MAASCHEE is ganz normal was esse,
wer FURRASCHIERT, der haat enin;
un e GURMAA, der dut nor fresse,
for MINKELCHER hot der koo Sinn.

MAASCHEE — essen
manger

FURRASCHIERE — ordentlich essen
fourrage — Futter

GURMAA — wer viel ißt
gourmand — eßlustig

MINKELCHE — möglicherweise über die Schriftsprache zu ,,Minkelche'', das ist ein kleines Stück Brot oder Fleisch, gekommen
mince — unbedeutend, gering, auch dünne Scheibe Wurst

For, wann Besuch kimmt, ARRANGSCHIERE,
do werd vielleicht ERUMHANDIERT!
Besonnersch, wann die do LOSCHIERE
un for e Nacht lang INQUARDIERT.

ARRANGSCHIERE — einrichten
arranger

ERUMHANDIERE — geschäftig arbeiten
hanter

LOSCHIERE — beherbergen
loger

INQUARDIERE — unterbringen
quartier — Quartier

Mer dut noch schnell was MARINIERE,
es werd so allerhand MELIERT,
GLASIERE dut mer un PANIERE,
zum Schluß werd alles schee GARNIERT.

MARINIERE — einlegen
mariner

MELIERE — mischen
mêler

GLASIERE — mit Zuckerguß überziehen
glacer

PANIERE — mit (geriebenem) Brot bestreuen
pain (afrz. pan) — Brot

Dann endlich gieht es ans DINIERE;
es gibt POMDEDER, frisch gequellt;
am BIFFEE dut mer sich net ziere,
wo de FROMAASCH schun hiegestellt.

DINIERE — festlich speisen
diner

POMDEDER — Kartoffel
pommes de terre

BIFFEE — Anrichte
buffet

FROMAASCH — Käse
fromage

E KIMMCHE Kaffee das macht munner,
e FIEZ dezu schmeckt gar net schlecht;
solang mer OFFEE, leet mer unner,
LATWEERICHFLADE sein do recht.

KIMMCHE — Tasse; mancherorts heißt es auch „Küppche"
coupe

FIEZ — Weck, Brötchen (Fiezeweck)
ficelle — dünnes, langes Weißbrot

OFFEE — gesund
au fait

LATWEERICHFLADE — Scheibe Brot mit Fruchtmus, besonders Pflaumenmus
(é)lectuaire (afrz.) — Fruchtmus

Vorm SUPPEE kammer noch versuche
wie gut e KREPPEL bei uns schmeckt;
dezu gibbs dann RADONEKUCHE —
's werd MENASCHIERT, statt abgespeckt.

SUPPEE — Abendessen
souper

KREPPEL — Hefekrapfen als Wahrzeichen der Fastnacht
crêpe — Eierkuchen

RADONEKUCHE — hoher, runder Napfkuchen aus Rührteig und anderem
raton — Käsekuchen

MENASCHIERE — füttern, essen
ménager

E KASSEROL die dut mer brauche,
aach e SALATJEE is was wert;
e SUPPJEE die dut ebbes dauche,
un e SOßIEER is net verkehrt.

KASSEROL — Kochtopf
casserole

SALATJEE — Salatschüssel
saladier

SUPPJEE — Schüssel, Terrine
soupe — Suppe

SOßIEER — Soßenschüssel
saucière

E WILJEE is e Essichstänner;
de STASCHEE Akde iwwerwacht;
e BUDEWAA is nix for Männer;
e MULLAFÄR Geschäfde macht.

WILJEE — Essig- und Ölständer
huilier

STASCHEE — Gerichtsreferandar
stage

BUDEWAA — kleiner, eleganter Damensalon
boudoir

MULLAFÄR — Mensch der alle möglichen Geschäfte macht
mille affaires — tausend Sachen

E DIERSCHLENK dut mer runnerdricke;
e FALWEL hot mer am WOLANG;
met RAMSCH is niemand se beglicke,
noch net emo for e MOMANG.

DIERSCHLENK — Türklinke; ein französisch-deutscher Wortverschnitt
clenche

FALWEL — Faltenbesatz
falbala

WOLANG — auf- oder angesetzter Stoffstreifen
volant

RAMSCH — aufgesammelter Haufen wertloser Dinge
ramas

MOMANG — Augenblick
moment

Wanns FUSSELT, machts vun owwe runner,
e SIFFONG hält vun unne dicht;
ODEKOLONNJE, was e Wunner,
is TROSCHEE, weils halt so gut richt.

FUSSELE — schwach regnen
ficelle — Schnur, Kordel

SIFFONG — Geruchsverschluß
siphon

ODEKOLONNJE — Kölnisch Wasser
eau de Cologne

TROSCHEE — zu teuer
trop cher

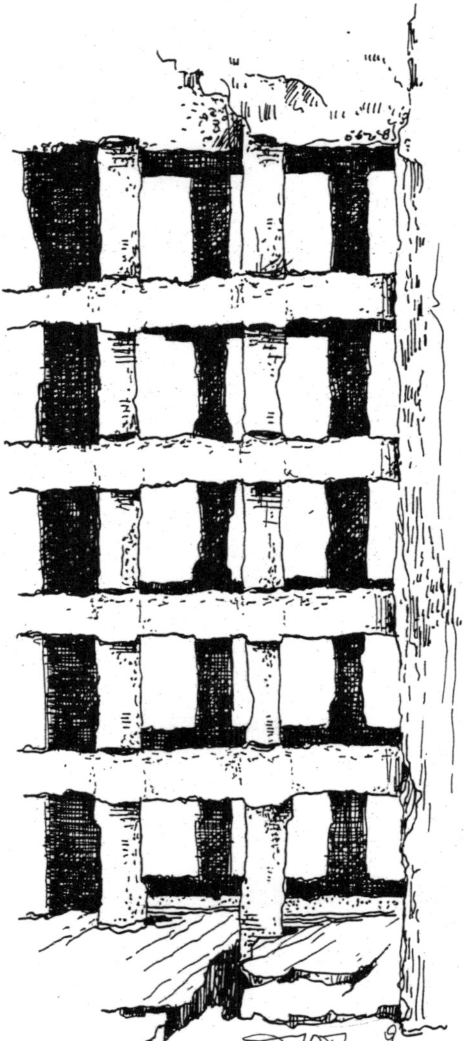

Wer sitze dut, hockt hinner DRALLJE,
genau gesaat im BOLLES drin;
un was e richdiche KANALLJE,
die locht mer gleich im KASCHO in.

DRALLJE — er hockt hinner Drallje, d.h. hinter Gittern, im Gefängnis
treille — Rebgeländer, Stabgitter vor Fenstern

BOLLES — Gefängnis, Haftlokal
police — Polizei

KANALLJE — Schurke, Schuft
canaille

KASCHO — strenger Kerker, Loch
cachot

E PRISOO is uff deitsch e Kittche,
im DEPO isses halb so wild;
ganz uff soi Vordeil guckts PROFITCHE,
doch wer HONETT fehrt nix im Schild.

PRISOO — Gefängnis
prison

DEPO — Polizeigewahrsam, Gefängnis milder Art
dépôt — Verwahrung

PROFITCHE — ein Profitchen sucht viel Nutzen mit möglichst wenig Mühe zu erzielen
profit — Gewinn, Nutzen

HONETT — ehrlich, anständig
honnête

Weil KINKERLITZJER net ganz ohne
un FIRLEFÄNZ genau so schlecht,
brengt mer sich jo als in QUESCHDJONE,
weswee mer aach SPIRENZJER lescht.

KINKERLITZJER — Nichtigkeiten
quincaille — Flitterkram

FIRLEFANZ — überflüssiges Zeug
virelai — Ringellied

QUESCHDJONE — es bringt einen etwas in Questionen, d.h. in Schwierigkeiten
question — Problem

SPIRENZJER — keine Spirenzjen, d.h. keine dummen Sachen machen
espérance — Hoffen

Mer zieht dorum met soiner KLICKE,
hot soi KUMPANE metgebrong,
kriet schnell de GONG macht mer wo Zicke
un aach mo oon uff de BALLONG.

KLICKE — Sippschaft
clique

KUMPAN — Kamerad
compaign (afrz.)

GONG — den Gong kriegen heißt im übertragenen Sinn den endgültigen Schlag bekommen
gong

BALLONG — Kopf
ballon — Ball, Luftballon

Wanns soi muß, dut mer wem oon DATSCHE,
VERKASSEMADUGGELE un so,
die Fress poliere un oon BATTSCHE;
oon DACHDELE jo sowieso.

DATSCHE — eine getatscht, d.h. eine gelangt bekommen; hat nichts mit betatschen zu tun
toucher — berühren

VERKASSEMADUGGELE — die Bedeutung ist überall anders, bei uns heißt das eine gewischt bekommen
casemate — Bunker

POLIERE — die Fresse polieren heißt jmdm. heftig ins Gesicht schlagen
polir — schleifen, blank reiben

BATTSCHE — eine gebatscht kriegen heißt eine Ohrfeige erhalten
battre — schlagen

DACHDELE — verhauen, ohrfeigen; kommt möglicherweise von la dague, das ist das Seil mit dem ungehorsame Bootsleute geschlagen wurden
dague — Seil

E KUP se lande is metunner
grad wie e Schlaach in es KONDOR;
MANSCHEDDE han das is ko Wunner,
kriet oom de SCHANDERM — um e Hoor.

KUP — Handstreich
coup

KONDOR — Ein Schlag ins Kontor heißt mitten hinein
comptoir

MANSCHEDDE — Manschetten, d.h. Angst haben
manchette — Ärmelaufschlag

SCHANDERM — Landpolizist
gendarme

E Mensch geheert net OOGEPEEWELT,
schun gar net EGSCHDRAORDINÄR;
wie schnell werd ooner do VERMEEWELT —
met GLASSEEHÄNSCHE gieht das schwer.

OOPEEWELE — durch freche, unflätige Worte beleidigen
peuble — Pöbel

EGSCHDRAORDINÄR — außerordentlich
extraordinaire

VERMEEWELE — verprügeln (Wie ein Möbelstück ausklopfen)
meuble — Möbel

GLASSEEHÄNSCHE — Handschuhe mit denen man jmdn. besonders vorsichtig anfaßt
glacé

E SAUFGARD die daucht koo Schuß Pulwer,
die saufe bis se IWWER soi,
un leije dodeno im SULWER;
bei jeder BAMBUSCH die debei.

SAUFGARD — aus sauvegarde bildete der Volksmund die Saufgarde
sauvegarde — Sicherheitswache

IWWER — betrunken
ivre

SULWER — im Sulwer liegen, d.h. besoffen sein, einen großen Kater haben
soûler — übersättigen
être soûl — besoffen sein
soûlerie — Sauferei; die drei Wörter entstammen der französischen Umgangssprache

BAMBUSCH — Rausch, Zechgelage
bamboche

Der oo dut e ZINNOWER mache,
e annere der macht TAMTAM;
aach SCHARIWARI sein so Sache,
KLAMAUK mer grad so mache kann.

ZINNOWER — Unsinn
cinabre

TAMTAM — laute Betriebssamkeit mit der auf etwas aufmerksam gemacht werden soll
tam-tam

SCHARIWARI — Lärm, Spektakel, Durcheinander
charivari

KLAMAUK — Lärm, Krach
clamer — schreien

SCHARLODDE heescht so manches Mädche,
e SCHOSEFIN gibbs un SCHANETT,
die LUWWIS un es HENRIETTCHE;
wer kennt net aach noch die BAWETT.

SCHARLODDE — Charlotte
Charlotte

SCHOSEFIN — Josefine
Joséphine

SCHANETT — Johanna
Jeanette

LUWWIS — Luise
Louise

HENRIETTCHE — Henriette
Henriette

BAWETT — Barbara
Babette

De SCHAMBES is net wegsedenke,
es JETTCHE net, de SCHORCH, de SCHOO —
so manche LUI kammer sich schenke
genau wie dem soi KOMPANJO.

SCHAMBES — aus Jean-Baptiste zusammengezogener Vorname
Jean-Baptiste

JETTCHE — Heinrich (Verkleinerungsform von Henriette)
Henri

SCHORCH — Georg
Georges

SCHOO/SCHAA — Johann, Hans
Jean

LUI — Ludwig, aber auch abwertend, z. B. Pufflui
Louis

KOMPANJO — Genosse
compagnon

Soi Kätzje rieft so mancher MIENA,
die Miezekaz nennt mer MINETT;
soi SURI is un bleibt die Lina,
de SCHOLI der leit an de Kett.

MIENA — Lock- und Kosename für Katzen
minet — Kätzchen

MINETT — Katzenname
minette — Mieze (katze)

SURI — Süße (Mädchen)
souris — Maus

SCHOLI — Hundename
joli — hübsch

Daß e AWIS kimmt, dut mer bede;
mer is wo ganz in soim METJEE,
doch besser net EDEPEDEDE;
am beschde aach koo SACKERDJEE.

AWIS — Zeichen, Nachricht
avis

METJEE — Beruf, Tätigkeit
métier

EDEPEDEDE — geziert
peut-être — vielleicht

SACKERDJEE — Lump
sacré Dieu — heiliger Gott

De Kinner macht SCHACKWEDDI speele
un TENNEE-UI, -FUI, -HUI, -WUI Spaß;
wie die DRAGONER dun se greele;
sie rufe aach als RENNDIGAAS!

SCHACKWEDDI — ein Kinderspiel
Jacques ou es tu? — Jakob, wo bist du?

TENNEE-UI, -FUI, -HUI, -WUI!
tenez oui! — Ein Knabenspiel mit dem Wurfholz. Ein vorn zugespitztes Hölzchen wird mit einem Stock zum Aufspringen gebracht und einer der Mitspielenden, die im Halbkreis um den, der schlägt, herumstehen, soll es auffangen und muß dann die Entfernung zwischen dem Ausgangspunkt und dem Orte schätzen, wo das Hölzchen hingefallen ist. Diese Entfernung muß in Längen des Stockes angegeben werden. Ist sie ungefähr recht geraten, so darf der schlagen, der die Entfernung richtig angegeben hat. Der Knabe, welcher mit dem Stock auf das Hölzchen schlägt, ruft während des Schlages: „tennee!" (haltet!), die anderen rufen, hu, hui, ui, zuweilen auch pfui. Es wird angenommen, daß der zweite Ausruf aus frz. „s'il vous plaît" bzw. „oui" entstanden ist.

DRAGONER — lärmende Kinderschar
dragon — Angehöriger der leichten Reiterei

RENNDIGAAS! — Achtungsruf beim Rodeln
prenez garde

E PASCH dee werfelt mer beim Speele;
bei ENE, DENE DITMANNEE
lernt mer jo ganz KOMMOD es Zähle;
was Kunscht is, ime ADELJEE.

PASCH — Wurf mit gleich vielen Augen auf zwei oder drei Würfeln
passe-dix — überschreite

ENE, DENE DITMANNEE — eins, zwei sagt mein Spiel
un, deux dites mon jeux

KOMMOD — bequem, angenehm
commode

ADELJEE — Arbeitsraum eines Künstlers
atelier

Was muscht mer frieher noch PARIERE,
vor wem net all hot mer GEKUSCHT;
heit dut mer nix wie LAMENDIERE,
statt TUUTEGAL heeschts: Null Bock Luscht.

PARIERE — gehorsam sein
parer

KUSCHE — nicht mucksen; ,,kusch dich'', kann man auch zu Hunden sagen, sofern sie französisch verstehen
coucher — (hin)legen

LAMENDIERE — jammern, wehklagen
lamenter

TUUTEGAL — ganz gleich
toute égal

E Strolch der dut ERUMBUSCHIERE;
e Dickkopp der is OBSCHDERNAT;
soi SCHARCH die kammer schnell verliere,
hot met de KOOSCHEE de Salat.

ERUMBUSCHIERE — herumstrolchen
bouchon — Pfropfen

OBSCHDERNAT — hartnäckig
obstiné — eigensinnig

SCHARCH — es heißt: der hat einen schönen Scharch (Amt, Posten, Stellung)
charge — Dienstgrad, Amt

KOOSCHEE — Entlassung, Abschied, Urlaub
congé

BELLSCHMUSER die dun Redde schwinge
wie der wo e BRIAMBEL macht;
wer MORDJEE schreit, das kannsche singe,
ABSULEMAA debei net lacht.

BELLSCHMUSER — Schönredner (belle schmuse, ein französisch-rheinhessischer Wortverschnitt)
belle — schön

BRIAMBEL — ein Briambel machen heißt den Kopf vollreden
préambule — lange Vorrede

MORDJEE — Zeder und Mordio bzw. „Mordjee" schreien; Fluch „potztausend"
mort de Dieu — Christi Tod

ABSULEMAA — durchaus
absolument

Mer dut KRAKEELE un BALJAATSCHE,
redd jemand doll un DORMELICH,
kann wie e BABBEGEI TRALAATSCHE
un BABBELTS Maul sich FRANSELICH.

KRAKEELE — herumnörgeln, -streiten
querelle — Streit

BALJAATSCHE — wichtigtuerisch reden; über die Wortbildung parlage = Geplauder
parler — reden, sprechen

DORMELICH — eine Mischung aus dormir und taumelig; es bedeutet etwas wacklig auf den Beinen sein
dormir — schlafen

BABBEGEI — Papagei
papegai

TRALAATSCHE — schwätzen; über die Wortbildung parlage = Geplauder
parler — reden, sprechen

BABBELE — plappern, schwatzen
babiller

FRANSELICH — sich den Mund franselich reden, d.h. lange auf jmdn. einreden.
frange — Franse

Wann jemand alsfort am PARLIERE,
seet mer dodriwwer GEBALJAASCH;
iwwer de Leffel wen BALWIERE,
verursacht jo so manch MERAASCH.

PARLIERE — reden, sprechen
parler

GEBALJAASCH — Geplauder
parler — reden, sprechen

BALWIERE — balwieren = rasieren; über den Löffel balwieren = betrügen. Dies kommt daher, daß der Barbier früher beim Bartschaben einen Löffel in die Backe steckte, damit sie für das Rasiermesser eine glatte Fläche bot.
barbier — Bartscherer

MERAASCH — Aufsehen
mirage — Luftspiegelung

PROFORSCH is mancher met em Schnawwel,
e PARLEWU haat uff de Butz;
wer ebbes daucht, der is KABAWEL,
doch wer MESCHANT, der is nixnutz.

PROFORSCH — schneidig
par force

PARLEWU — Schwätzer; geläufig ist auch „Parlewu Frankedal" (Parodie von „parlez-vous francais?") mit der Antwort: „drei Stunn vun Worms"

KABAWEL — fähig, tüchtig
capable

MESCHANT — bösartig, bissig
méchant

E Prahlhans der dut REPRESSIERE,
bis er vun jemand ATTRAPIERT;
e annere dut MARCHANDIERE,
un werre ooner der SCHERIERT.

REPRESSIERE — prahlen
repressailles — Vergeltungsmaßnahmen

ATTRAPIERE — ertappen, erwischen
attraper

MARCHANDIERE — Neuigkeiten nachlaufen
marchander — handeln, feilschen

SCHERIERE — sich als jemand ausgeben
gérer — Geschäfte führen

Mer dut sich furchtbar ALDERIERE,
do wo mer sich so ESCHOFFIERT,
weil jemand oom am KUJONIERE
un alsfort nix wie MALTREDIERT.

ALDERIERE — aufregen, ärgern
altérer

ESCHOFFIERE — sich aufregen
échauffer

KUJONIERE — unwürdig behandeln
coinner

MALTREDIERE — mißhandeln
maltraiter

Wer spart, dut nix VERBADDESCHIERE,
im Gejedaal, er RAMMESSIERT;
statt alles se VERBUMBASCHIERE,
er jo veel liewer MANDINIERT.

VERBADDESCHIERE — vergeuden, verschwenden, z.B. sein Vermögen
partager — teilen

RAMMESSIERE — zusammenraffen
rammasser

VERBUMBASCHIERE — verschwenden, verprassen
bamboche

MANDINIERE — Vermögen haben
maintenir — erhalten

Mer dut sich wo VERDEFENDIERE;
wer sich serickzieht, REDINIERT;
wer mied is, der dut RELASSIERE;
wer traurich, der is DEPREMIERT.

VERDEFENDIERE — sich verteidigen
défendre

REDINIERE — sich zurückziehen
retirer

RELASSIERE — etwas müde werden
las — müde

DEPREMIERT — bedrückt, niedergeschlagen
déprimé

Wo ebbes fehlt dut was MANKIERE,
was mer NATRELL jo gere hätt;
un dut mer ebbes wo SCHARCHIERE,
dann brauch mer dofor e SCHARETT.

MANKIERE — fehlen
manquer

NATRELL — natürlich, genau, z.B. er ist natrell der Alte

SCHARCHIERE — (be)laden, aufladen
charger

SCHARETT — kleines Fuhrwerk, zweirädriger Wagen
charette — Karren

Was Gudes is es REGALLIERE;
was Schlechdes, wammer DERANGSCHIERT;
wer Krach macht is am HASELIERE;
wer schnüffelt, wo ERUMSPULIERT.

REGALLIERE — jmdm. etwas anbieten, vorsetzen
regaler

DERANGSCHIERE — stören, durcheinanderbringen
déranger

HASELIERE — zanken, schimpfen, herumlärmen
harceler

ERUMSPULIERE — herumschnüffeln
spolier

Der wo SPLENDID is, is net geizich;
wer dorchenanner, is KONFUS;
un wer KURANT is, der is fleißich;
ELOSCHE das sein oft nor Schmus.

SPLENDID — freigebig, großzügig
splendide — glänzend, kostbar

KONFUS — verwirrt, durcheinander
confus

KURANT — tüchtig
courant — üblich

ELOSCHE — „Elosche" machen, d.h. Lobsprüche erheben
éloge — Lob

Am Faß die DAUE dut mer kenne;
de LIESCH dort brauch mer allewee;
e Stoppe dut mer BUSCHOO nenne,
de Kellermooschder BODELJEE.

DAU — Daube, Seitenbrett eines Faßes
douve

LIESCH — Flechte, die bei der Faßherstellung zum Abdichten verwandt wird; entlehnt laiche = Riedgras
lichen

BUSCHOO — Flaschenkorken, auch kleiner, flacher Holzstopfen zum Verschließen des Faßes
bouchon — Pfropfen

BODELJEE — Kellermeister
bouteillier

E SÄÄSCHERMÄÄBEER dut mer esse,
sunsch werd se RATZEKAHL gefress;
was PER gang is, kammer vergesse;
gieht ebbes egschdra, heeschts EXPRESS.

SÄÄSCHERMÄÄBEER — Birnensorte
Saint-Germain

RATZEKAHL — gänzlich
radical — gründlich von der Wurzel her
rat — Ratte

PER — es ist etwas per, d.h. verloren gegangen
perdu — verloren

EXPRESS — absichtlich, eigens
exprès

Mer fährt met some alt WEHIKEL,
un uffem Rhoi met de SCHALUPP;
de KOLLER kriet e Zornegickel;
e alt SCHADELL die schrubbt die Stubb.

WEHIKEL — abschätzig für altes Gefährt
véhicule — Fahrzeug

SCHALUPP — Nachen, kleines Schiff zur Güterbeförderung auf Flüssen
chaloupe

KOLLER — Wut, Zorn
colère

SCHADELL — putzsüchtige alte Frau
capote — veralteter Frauenhut

Die POORT enaus die dut mer giehe;
die Brems am Pluggskarrn nennt mer MICK;
soi FETT das dut als jemand krieje;
SCHAGRILLE han das is koo Glick.

POORT — Tor (des Dorfes), Pforte
porte — Tür

MICK — Bremsvorrichtung am Wagen
mécanique

FETT
je lui ai dit son fait — dem habe ich einmal sein Fett gegeben (gleichbedeutende Redewendung); einem seine Sache, d.h. was ihm gebührt, geben; kommt also nicht von Fett

SCHAGRILLE — Launen
chagrin

BATTSCHHÄNDCHER sein so ganze zarte,
die aarich schnell VERSCHAMMERIERT;
dem schwer KALIWER soin sein harde —
guck nor an wen die DROOMONDIERT.

BATTSCHHÄNDCHE — kleine, weiche Kinderhand
patte — Pfote, Tatze

VERSCHAMMERIERE — übel hergestellt sein, z.B. wenn jemand gefallen ist
chamarrer

KALIWER — abwertend: Art, Sorte von Mensch
calibre — innerer Durchmesser von Rohren usw.

DROOMONDIERE — anbauen, anmontieren
monter

Wohie e RUT gieht, dut mer froe;
for komm erin, seet mer AANTREE!;
un dut mer MERSI vielmols soe,
heescht das so veel wie OBLISCHEE.

RUT — festgelegte Strecke
route

AANTREE! — Aufforderung zum Eintreten
entrez!

MERSI — danke
merci

OBLISCHEE — zu Dank verpflichtet
obligé

Mer will net de BONFILJES mache;
e KUMMERSCH awwer is oom recht;
e SUNNOMBRELLCHE dut bedache;
e PANJE der werd noch geflecht.

BONFILJES — wer sich ausnutzen läßt
bonfils

KUMMERSCH — freundschaftlicher Verkehr, Liebschaft, Handel
commerce

SUNNOMBRELLCHE — Sonnenschirm
ombrelle

PANJE — Korb
panier

E SCHOSSEEGARD der lescht oom fahre,
e DUANJEE der hält oom oo —
die wo noch nie APROSCHE harre
stiehn pletzlich LAMENDAWEL do.

SCHOSSEEGARD — Straßenwärter
garde chaussée

DUANJEE — Zollbeamter
douanier

APROSCHE — Furcht, Schrecken
approche

LAMENDAWEL — jämmerlich
lamentable

E FUDDELCHE das huddelt gere;
e POHINKEL is ingebild;
e TRANFUNSEL das is e Märe,
wo nie mo ALLA MARSCH! im Schild.

FUDDELCHE — weibliches Wesen, das ein Kleid trägt, das nicht viel wert ist
futil — flüchtig

POHINKEL — eingebildete weibliche Person
paon — Pfau

TRANFUNSEL — sich schläfrig bewegende weibliche Person
transe (afrz.) — Trance, dem Schlaf ähnlicher Dämmerzustand

ALLA MARSCH! — vorwärts, los!
à la marche!

E ALERTCHE is flink un munner;
die alt SCHADULL jo werklich net;
e EKWIPAASCH is alde Plunner;
die Schnut vun wem nennt mer LAFETT.

ALERTCHE — gewitztes Kerlchen
alerte — munter, flink

SCHADULL — (verächtlich) alte Frau
capote — altmodischer Frauenhut

EKWIPAASCH — Plunder
equipage — Ausrüstung

LAFETT — Mund oder Gesicht (verächtlich), Kopf, Backe
faîte — First, Giebel

E MUSCH hot aarich dicke Backe;
PODHÄMMEL die han derre Boo;
e MUFFELER der dut was packe,
der MANSCHT un mampft bis nix mieh do.

MUSCH — häßliche, dicke Frau
mouche — Fliege

PODHAMMEL — in der bäuerlichen Region bringt man das Wort mit jenem offenen Nachtgeschirr in Verbindung, das früher in allen Schlafzimmern unter dem Bett stand, und worüber die Plagegeister mit den langen (Hammel-)Beinen nachts schwirrten
pot (de chambre) — Nachttopf

MUFFELER — gehöriger Esser
moufleur — einem die Backen zusammendrücken

MANSCHE — Umdeutung des Wortes in „begierig essen", alles durcheinander manschen (Gemansch = Mischmasch)
manger — essen

Ner LIEBUTSCH der is net se traue,
die GUSCH se halle, fällt ehr schwer;
e FRIPPCHE dut aach mo was klaue;
BEDUPPE dut e BADASCHEER.

LIEBUTSCH — bouche in Verbindung mit lügen, also ein lügender Mund
bouche — Mund

GUSCH — die Gusch, d.h. den Mund halten
gorge — Gurgel
bouche — Mund

FRIPPCHE — Spitzbube, Gauner
fripon

BEDUPPE — täuschen, betrügen, übers Ohr hauen
duper

BADASCHEER — Betrüger, Nichtsnutz
batailleur — Kämpfer

De TREWWER der wägscht uffem Acker,
die RINKLO hänge anem Boom;
koo Mensch seet beim KORINDEKACKER:
so isses gut, jawoll, SEBOO.

TREWWER — Klee
trèfle

RINKLO — Pflaumenart
reine claude

KORINDEKACKER — kleinlicher, pedantischer Mensch
raisin de Corinthe — kleine, dunkle kernlose Rosine

SEBOO — jawohl, in Ordnung
c'est bon

E BOLLEMOOSCHDER der hots leichder,
wann er die richdiche KULEER;
uff em SCHAPIDER, jo do breichder
koo ORDER vun wer waaß woher.

BOLLEMOOSCHDER — Bürgermeister; manchmal heißt es auch einfach „de Bolle"
police — Polizei

KULEER — die richtige Couleur haben, d.h. in der richtigen Partei sein
couleur — Farbe

SCHAPIDER — er bleibt auf dem „Schapider" stehen, d.h. er verharrt auf seinem Standpunkt
chapitre — Kapitel

ORDER — Befehl, Anweisung
ordre

E Gutsje is e BAWELJOTCHE,
un BOMBONG seet mer in de Stadt;
egal wie sieß e BAWELOTTCHE,
de SCHWITTJEE werd devun net satt.

BAWELJOTCHE — kleines Bonbon in Hülle; früher Lockenwickler
papillote — Wickel aus Papier

BOMBONG — Stück Zuckerzeug
bonbon

BAWELOTTCHE — Frau die viele Männer am Bändl hat
papillonner

SCHWITTJEE — Schürzenjäger
suivre — folgen

MISEERE dut mer oft verfluche,
BLESSURE kriet mer aarich schnell,
doch was mer met de LUP muß suche
das is bestimmt e BAGADELL.

MISEERE — Elend
misère

BLESSURE (pl.) — äußere Wunde
blessure

LUP — Vergrößerungsglas
loupe

BAGADELL — Kleinigkeit
bagatelle

Duts HUSSJE met de SÄSJE kumme
macht e FILU sich aus em Staab;
bei SELLEM wär er aach de Dumme,
vor dem do horrer noch REGARD.

HUSSJE — Gerichtsvollzieher
huissier

SÄSJE — Pfändung
saisie

FILU — Gauner
filou

SELLER — jener
celui-la

REGARD — Respekt
regard — Blick

Bei FORSMASCHEER is nix se mache,
do hilft oom aach koo KODZIWIL;
de MÄR macht de Gemoo ehr Sache,
soi Amtsstubb die is im MÄRIE.

FORSMASCHEER — höhere Gewalt
force majeure

KODZIWIL — bürgerliches Gesetzbuch
code-civil

MÄR — Bürgermeister
maire

MÄRIE — Rathaus
mairie

E PROSSEWERBAL is was Schlechdes,
e PROPERANZ degeje gut;
was STIPULIERT, is ebbes Rechdes,
was ESCHAPPIERT, das nimmt du Hut.

PR**O**SSEWERBAL — Strafprotokoll
procès verbal

PR**O**PERANZ — Vorrecht bei Ver- oder Rückkauf
prépondérance

STIPULIERE — vertragsmäßig festlegen
stipuler

ESCHAPPIERE — entweichen
échapper

Im BRULLJEE stieht wer wo was han dut,
de NODÄR is beim Akt debei;
vorm BARRO hot mers jo eerscht dann gut,
sein die ASISSE in de Reih.

BR**U**LLJEE — Buch in dem die Liegenschaften innerhalb der Gemeinde vermerkt sind
brouillon

N**O**DÄR — Notar
notaire

B**A**RRO — Gericht
barreau — Anwaltskammer

ASISSE (pl.) — Geschworene
assises (pl.)

For OKDEWA wo insenemme,
do hatt mer mo de RESSEWEE;
e GREFFCHE dut de Bleistift stemme,
de KOMMI hilft em allewee.

OKDEWA — Steuern
octroi

R**E**SSEWEE — Stadt- und Gemeindesteuereinnehmer
receveur

GR**E**FFCHE — Uzname für Schreiber bei einer kleinen Behörde
greffier — Gerichtsschreiber

K**O**MMI — Handlungsgehilfe
commis

E ADJUNKT dut mer oofach wähle;
e ABBEE der is auserwählt;
e KIRREE dut soi Schäfcher zähle;
de KOOSKRI als Rekrud sich stellt.

ADJUNKT — Beigeordneter
adjoint

ABBEE — katholischer Pfarrer
abbé

K**I**RREE — Pfarrer
curé

K**OO**SKRI — Gestellungspflichtiger
conscrit

E SCHARBAA kennt mer nemmieh heifich;
e RULLJEE is e Spedideer;
e SIWJEE war dem noch geleifich,
aach was das is: e AUDIDEER.

SCHARBAA — ein in Rheinhessen einmal vielbenutzter Leiterwagen mit Bänken
char à bancs

RULLJEE — Rollfuhrmann, Frachtfuhrmann
roulier

SIWJEE — ein Kasten, der unter Möbelwagen aufgehängt wird
civière

AUDIDEER — Auktionator, Versteigerer
auditeur — Zuhörer(in)

Die DORCHE dun im Borrem stecke;
es BURRASCH das kimmt uff de Disch;
die DILISCHAAS war net for Schnecke,
die MALPOSCHT nix wo mer geschlich.

DORCHE (pl.) — Krautstrümpfe, die in der Erde stecken bleiben, wenn man das Kraut abschneidet
torche

BURRASCH — Gewürzpflanze (Borretsch)
bourrache

DILISCHAAS — Posteinrichtung an großen Straßen zu Napoleons Zeiten
diligence — früher: Postkutsche

MALPOSCHT — Posteinrichtung, ähnlich wie die Diligence
malleposte

FORBASLEDA gieht mer spaziere,
hot es EXKISSEEKERBCHE met;
do muß mer sich net so SCHENIERE
als wammers RIDEKILCHE hätt.

FORBASLEDA — zum Zeitvertreib
pour passer le temps

EXKISSEKERBCHE — kleines Körbchen, das Frauen gewissermaßen als Entschuldigung in die Hand nehmen, wenn sie spazieren gehen. Sie wollen den Anschein erwecken, als ob sie etwas arbeiten wollten.
excuser — entschuldigen

SCHENIERE — in Verlegenheit gebracht
gêner

RIDEKIL — Handtäschchen
réticule

E BUDDICK is de letschde Schuppe,
wo e Butik doch oft de KLU;
vun mancher BUDDEL gibbs e Knubbe,
wie e BAJÄR is mer dann zu.

BUDDICK — abwertend für verwahrloste Bude
boutique — kleines Modegeschäft

KLU — Zugnummer
clou

BUDDEL — Flasche
bouteille

BAJÄR — Schranke
barrière

E TAMBOR dut de Takt bestimme,
un e BARBIER der schert de Bart;
der wo TRAWALLISCH is e Schlimme;
e SCHASSEBO der werd gelad.

TAMBOR — Trommler, der den Takt bestimmt
tambour — Trommel

BARBIER — Bartscherer
barbier

TRAWALLISCH — grob, rücksichtslos
travail — Arbeit

SCHASSEBO — das französische Infantriegewehr
chassepot

Net hoch im Kurs stieht die SCHURNALLJE,
un e BADALLJE is e K(r)ampf;
e WÄSCHMANN der stieht bei de BALLJE;
was DEKADIERT, stieht unner Dampf.

SCHURNALLJE — verformt aus journal und canaille
journal — (Tages)Zeitung
canaille — Schurke

BADALLJE — Schlacht, Kampf
bataille

WÄSCHMANN — Waschkorb
manne

BALLJE — Waschbütte
baille

DEKADIERE — Stoff mit Wasserdampf behandeln, um ihm den Preßglanz zu nehmen
décatir

Wer was VERHOPPASCHT, is denewe,
wer was verbockt, is e ARTISCHT;
beim PURPARLEE kammer erlewe,
was mancher for e KANDONISCHT.

VERHOPPASSE — Verstoß gegen gesellschaftliche Umgangsformen
faux pas — Fehltritt

ARTISCHT — herabsetzend für jmdn., der sich etwas „geleistet" hat
artiste — Zirkuskünstler

PURPARLEE — Gespräch unter vier Augen
pourparler

KANDONISCHT — ein unsicherer Kantonist war ursprünglich ein Heerespflichtiger eines Kantons
canton — Kanton

Koo Silb soveel is die DEWISE:
for jetzt, do seet mer JUSCHDEMAA,
un DUDALEER, das muß mer wisse,
heescht gleich, un grad DIREKDEMAA.

DEWISE — Wahlspruch
dévise

JUSCHDEMAA — in dem Augenblick
justement

DUDALEER — sogleich
tout à l'heure

DIREKDEMAA — unmittelbar, geradeheraus, wirklich
directement

Zum Spaß do saat mer frieher SCHANGEL;
koo Spaß hatt mer am KOMMISSÄR;
de SANGELOTT stammt vum Gerangel,
vum Kriech de dreckische SABBEER.

SCHANGEL — (scherzhaft) Franzose, während des ersten Weltkrieges von Soldaten verwendet
Jean — Johann

KOMMISSÄR — Polizeikommissar
commissaire

SANGELOTT — in der französischen Revolution Anhänger der Pöbelherrschaft, die keine Culotten wie die Aristokraten, sondern Pantalons (lange, enge Hosen) trugen
sansculotte — ohne Kniehose

SABBEER — abwertend spricht man vom dreckischen (schmutzigen) Sapeur
sapeur — Pionier

E GAASCH die kriet mer beim Theader,
beim Unkel Dokder e BANDAASCH;
in die WISAASCH vun jemand haat mer,
hot mer for sowas die KURAASCH.

GAASCH — Gehalt
gage

BANDAASCH — Verband
bandage

WISAASCH — Gesicht
visage

KURAASCH — Beherztheit, Mut
courage

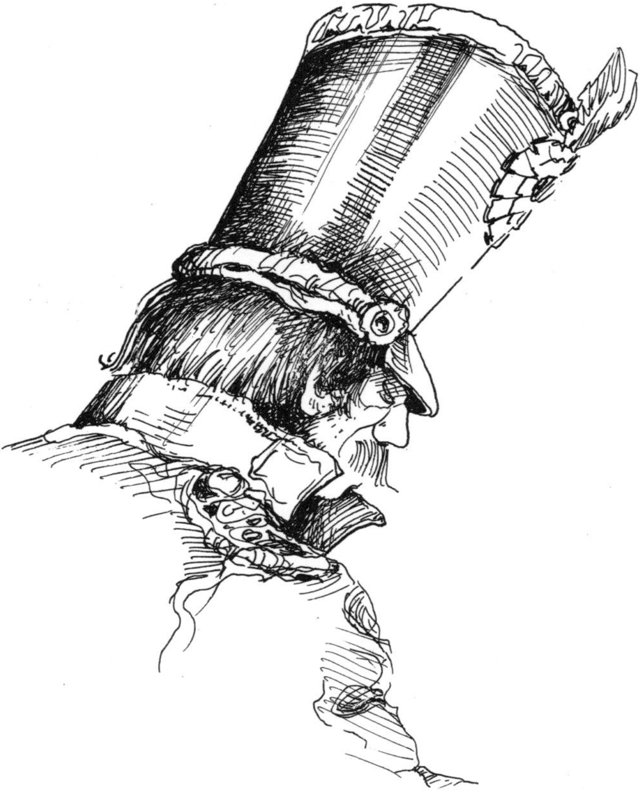

LABET se soi, heescht nemmieh kenne;
der wo nix druff hot, is KADUK;
bei FINI do dut alles enne;
UWAI rieft mer, wann was KABUTT.

LABET — müde, entkräftet
la bête

KADUK — anfällig, schwach; für Geschäftsleute, die finanziell schwach sind
caduc

FINI — Schluß, fertig! Ende!
fini

UWAI — oh weh
ouais — weh

KABUTT — ruiniert
capot

Mer dut als e MANEEWER mache,
TUSCHT sich met jemand grad wie doll,
macht als SCHANIER nor dumme Sache
un kriet de GROTZE nie mo voll.

MANEEWER — Lärm um nichts machen
manoevre — Truppenübung

TUSCHE — prügeln
toucher

SCHANIER — abwertend für eine Person; es heißt z.B.: Du bist vielleicht ein Scharnier
charnière — Türangel

GROTZE — den „Grotze", d.h. den Hals nicht voll kriegen
gorge — Gurgel

Die BATT die dut oom jemand halle;
mer BOSSELT sich als was serecht;
e KULT die is for warm se halle;
was PROPER is hot sich gewesch.

BATT — jmdm. die Batt halten, d.h. ihm ein gleichwertiger Gesprächspartner sein
débat — Debatte

BOSSELE — herumbasteln
bosseler

KULT — gefütterte Decke
coultre

PROPER — sauber, auch: schön, prächtig
propre

Wer ebbes GRIPPSCHE dut, is lischdich;
wer vorwärts kimmt, macht e KAJEER;
im DEPPEDEE dem giehts net richdich,
plemplem se soi is e MALEER.

GRIPPSCHE — rasch und unbeobachtet an sich bringen
gripper — sich festfressen

KAJEER — erfolgreiche Laufbahn
carrière

DEPPEDEE — Verballhornung des Wortes Deputierter unter Angleichung an Depp
député — Abgeordneter

MALEER — Mißgeschick
malheur

E SIMPEL is e scheene Flabbes;
ner LINKSDOOTSCH fehlt de rechde Schliff;
e Heini der verzappt nor KABBES;
e munder Kerlche das is WIF.

SIMPEL — Einfaltspinsel
simple — einfach

LINKSDOOTSCH — eine Linksdootsch ist eine Person, die das rechte Gefühl in der linken Hand hat
doigt — Finger

KABBES — Unsinn
cabus — Kohlkopf

WIF — munter, lebendig
vif

So manchmo rieft mer MANOMEDER!
un ISIPARISI!, ehr Leit;
aach EH!, was machsche dann, so freet mer;
AWA, uff koone Fall bedeit.

MANOMEDER! — Ausruf des Erstaunens
manomètre!

ISIPARISI! — hierher!
ici par ici!

EH! — he!, hallo!
eh!

AWA — keinesfalls
à bas

Ob SACKERNUNDIDJEE mer schenne,
ob SAKRA, wie net mieh gescheit;
o MUNDJEE, noch die Alde kenne,
un SALI grieße junge Leit.

SACKERNUNDIDJEE — Fluchwort
sacré nom de Dieu — heiliger Name Gottes

SAKRA — Fluchwort
sacré — heilig

MUNDJEE — mein Gott
mon Dieu

SALI — Schülergruß
salut

E KOMBADANT das war noch ebbes,
besonnersch, wann er e KUMBEER;
ganz annerschder de UDSCHEBEBBES
wie ooner wo e HASSADEER.

KOMBADANT — Mitkämpfer, Kriegsteilnehmer
combattant

KUMBEER — Kumpan, Genosse
compère

UDSCHEBEBBES — Spottwort für französische Soldaten, ursprünglich für die marokkanischen Söldner der französischen Besatzung nach dem ersten Weltkrieg

HASSADEER — verantwortungslos Handelnder
hasardeur

Wer uffschneid wie e KATZEKUNJER
als SCHWADRONEER sich net groß ziert;
do werds oom BLIMERANT metunner,
wann der met oonem DISCHBEDIERT.

KATZEKUNJER — Aufschneider (so werden die Leute aus der Gascogne bezeichnet)
Gascogne

SCHWADRONEER — prahlerisch schwätzen; schwadronieren französiert

BLIMERANT — schwindlig; eine Wortbildung aus bleu und mourant
bleu — blau
mourant – sterbend

DISCHBEDIERE — diskutieren
disputer

Die letschde Berkel an de RAPPE
mer no em Herbscht SESAMMEGRAPPSCHT;
mer rechelt noch emo mem GRABBE
wo in soim SCHADDENG was verdappscht.

RAPPE — Traubenkamm
râpe

SESAMMEGRAPPSCHE — Nachlese in den Weinbergen, auch Traubenstoppeln genannt
grappilage

GRABBE — eine Art Rechen mit mehreren Zinken
grabbe — Haken

SCHADDENG — Garten
jardin

FISSEMADENDE soll mer losse,
sunsch kriet mer se ganz schnell GETERMT;
POTTSCHAMBER das sein Bettgenosse;
mem PARAPLIE is mer beschermt.

FISSEMADENDE — keine Fissematenten, d.h. keine Faxen machen
visite ma tente! — besuche mein Zelt!; mit dieser Aufforderung, so wird überliefert, luden Soldaten der napoleonischen Armee deutsche Mädchen zu sich ein

GETERMT — getermt kriegen heißt, es wird einem die letzte Frist gesetzt
terme — Ende, Ziel, Grenze, Frist

POTTSCHAMBER — Nachttopf
pot de chambre

PARAPLIE — Regenschirm
parapluie

ERKOWERE heescht sich erhole;
wer dann noch faul bleibt, hot die FLEMM;
e REFI die dut kooner wolle;
un POWER soi, oom besser fremm.

ERKOWERE — erholen von einer Krankheit
recouvrer

FLEMM — Abneigung vor etwas, besonders Arbeitsunlust heißt die Flemm haben
flemme — Faulheit

REFI — es heißt: er hat eine Refi bekommen
refus — Ablehnung, Absage

POWER — arm
pauvre

Will mer soi PORTMANNEE mo schone
un fährt wo ohne e BILLJET,
duts DUBBES mache sich nor lohne,
merkt das de KONDUKDEER dort net.

PORTMANNEE — Geldbeutel
portemonnaie

BILLJET — Fahrkarte
billet

DUBBES — „Dubbes" machen heißt betrügen
duper

KONDUKDEER — Aufseher
conducteur

Die KUR lescht mer sich gere mache,
doch wer BOHEI macht speelt sich uff;
e GRAMMELDIBBE kann net lache;
e KONDEWITTCHE leet nie druff.

KUR — jmdm. den Hof, d.h. die Kur machen
cour — Hof, Hofraum

BOHEI — Bohei machen heißt sich aufspielen, wichtigtun
beau — schön
faire — machen

GRAMMELDIBBE — weibliches Wesen, das ständig nörgelt
grommeler — nörgeln

KONDEWITTCHE — wohlwollende Bezeichnung für einen Menschen, der stets seinen Vorteil wahrzunehmen versteht
conduite — Benehmen

KARAMBOLAASCH e Wort, wo hinne
es selwe hot wie aach BLAMAASCH;
bei SABODAASCH is es se finne,
genau so wie bei AMBERAASCH.

KARAMBOLAASCH — Zusammenstoß
carambolage

BLAMAASCH — Beschämung
blamage

SABODAASCH — absichtliche Beeinträchtigung der Leistungsfähigkeit von Einrichtungen
sabotage

AMBERAASCH — Umstände, Aufwand
embarras — Ungelegenheit
ouvrage — Arbeit

Nadärlich aach bei KARDONAASCHE
so wie beim Wertche AMBALLASCH;
der wo verspannt is brauch MASSAASCHE,
un Hoffmannstroppe wer in RAASCH.

KARDONAASCH — Kartons
cartonnage

AMBALLAASCH — Verpackungen
emballage

MASSAASCH — Lockerung der Muskeln
massage

RAASCH — Wut
rage

REDUR serick dut ebbes giehe,
doch was PASSEE is, is dohie;
bei ner WISIT lescht mer sich siehe,
beim RAANDEWU erhofft mer mieh.

REDUR — zurück
retour

PASSEE — vorbei
passé

WISIT — Besuch
visite

RAANDEWU — Stelldichein
rendezvous

AA GRO, do gibbs nor was im große,
bei AA DEDAIL fascht alles gleich;
AA BLOK, do gieht nix in die Hose;
AA MASS das is e Haufe Zeich.

AA GRO — im großen
en gros

AA DEDAIL — im kleinen, einzeln
en détail

AA BLOK — bei Wahlen verhindert man mit der En-bloc-Abstimmung das Durchfallen einzelner Kandidaten
en bloc — im ganzen

AA MASS — jede Menge
en masse — in Massen

E BRULLJESMACHER der dut prahle,
es Zores das is die BAGAASCH;
die foi MADAM werft sich in Schale,
die dick hälts met de FUDDERAASCH.

BRULLJESMACHER — Prahler
brouillard — Nebel

BAGAASCH — Sippschaft, Pack, Gesindel
bagage — Reisegepäck

MADAM — gnädige oder dicke Frau
madame

FUDDERAASCH — Tagesverpflegung; eine Wortbildung aus Futter und fourrage
fourrage — (Vieh)futter

Mer mache als e schee MERAKEL;
un anstatt Zirkus e RAWAASCH;
mer seet dodriwwer aach SPEKDAKEL;
Ruh hot mer uff de BELETAASCH.

MERAKEL — ein Merakel machen, d.h. für Aufsehen sorgen; lärmendes Getue
miracle — Wunder

RAWAASCH — geräuschvolle Auseinandersetzung
ravage

SPEKDAKEL — großer Lärm
spectacle

BELETAASCH — Hauptgeschoß, Mittelpunkt des Lebenskreises
bel étage — prächtiges Stockwerk

E SCHOPP das is e Bredderbudche,
un e REMIES e Art GARAASCH;
e BRUTSCH is e beleidicht Schnutche,
es Maul das nennt mer aach FRESSAASCH.

SCHOPP — (Bretter)bude
échoppe

REMIES — Wagenschuppen
remise

GARAASCH — Garage
garage

BRUTSCH — eine Brutsch machen, d.h. den Mund verziehen
bouche — Mund

FRESSAASCH — eine Mischung von Fresse und visage; man steckt eine Zigarette in die „Fressaasch"
visage — Gesicht

E BAJAS der dut BOSSE reiße;
e KOSJE gieht oom manchmo no;
e WAGGONG der stieht uff de Gleise,
un e BRABANDER werd gezo.

BAJAS — Possenreißer
paillasse

BOSSE (pl.) — Possen reißen, d.h. plumpe oder alberne Späße machen
bosse — Beule, Buckel

KOSJE — Sache
chose

WAGGONG — Güterwagen
wagon

BRABANDER — Gespannpflug
brabant — Karrenpflug

ATU das is e Trump beim Kaade,
es selwe das is aach SPADILL;
dezu dann KEER un TREFF die baade;
die Schippedam die heescht MANILL.

ATU — Trumpf beim Kartenspiel
atout

SPADILL — Trumpf beim Kartenspiel
spadille

KEER — Herz, Spielkartenfarbe
coeur

TREFF — Kreuz, Spielkartenfarbe
trèfle — Kleeblatt

MANILL — Schippendame im Kartenspiel
manille

Mer dut als soi QUIDANZE krieje,
speelt mer verrickt un wo WABANK;
dut mer soi LARSCHAA nemmieh siehe,
heeschts PARDJEE, anstatt Gott sei Dank.

QUIDANZE — Quittung
quitance

WABANK — va banque spielen, d.h. alles auf eine Karte setzen
va banque

LARSCHAA — Geld
l'argent

PARDJEE — bei Gott
par Dieu

Attention!
Poudre!

Manch Dummheit macht so e ESPESSJE;
wer SCHALLU der is e dumm Gluck;
de MUSSJEE seet: ADSCHEE moi Häsje;
de Hinkel rieft mer TUCK-TUCK-TUCK.

ESPESSJE — leichtsinniges Mädchen
espèce

SCHALLU — eifersüchtig, mißgünstig
jaloux

MUSSJEE — Herr
monsieur

ADSCHEE — leb wohl!
adieu

TUCK-TUCK-TUCK — Hühnerlockruf, übertragene Bedeutung (eine Tucke ist eine Henne, alte Frau, Tante)
toque — Frauenhut

E RUEE der is net de Beschde
un e KREEDÄNG der is serick;
manch Weibsbild das is nor e KRESCHTJE,
e KROSCHDERT 's männlich Gejestick.

RUEE — gerissener Kerl
roué

KREEDÄNG — zurückgebliebener Mensch
crétin

KRESCHTJE — Brotende, aber auch weibliche Person, die nichts vorstellt
crouton — Brotkruste, zu croute = Kruste

KROSCHDERT — schmächtige männliche Person
crouton — Brotkruste

BABUTSCHE sein dehoom die Schlappe,
die wo koo LUIKEESABSÄTZ han;
e Kind wo frech is nennt mer KRAPPE;
e BADDICK is koo großer Mann.

BABUTSCHE (pl.) — Pantoffeln
babouche

LUIKEESABSATZ — eleganter Schuhabsatz im Stil Ludwig XV.
Louis quinze

KRAPPE — kleines Kind
crapaud — Kröte

BADDICK — kleiner, kurzbeiniger Mensch
Badinguet — Spottname Napoleon III.

RENTJEE dut mer e Rentner nenne,
e Pangsjonierde PANGSJONÄR;
du BASCHDERT, dut mer jemand schenne;
e HOSCHBES der macht hie un her.

RENTJEE — Rentner
rentier

PANGSJONÄR — Beamter im Ruhestand
pensionaire

BASCHDERT — Schimpfwort für einen minderwertigen Mensch
bastard (afrz.) — früher: uneheliches Kind eines Adligen und einer nicht standesgemäßen Frau

HOSCHBES — ungeschickter, nervöser Mensch, der geistig nicht ganz auf der Höhe ist
hausse — *baisse* — steigen — sinken; möglicherweise von da herkommend

Am PERROO, wo die Ziesch inlaafe,
do kimmt noch ooner PLÄÄ KAJEER;
er dut soi Tasch ins KUBBEE schlaafe;
wer so in Eil? E WOJASCHEER.

PERROO — Bahnsteig
perron — Außentreppe

PLÄÄ KAJEER — in vollem Lauf; der kennt kein Hindernis, rennt über Wiesen und Äcker und, wenn's sein muß, mitten durch jeden hindurch
en pleine carrière

KUBBEE — Zugabteil
coupé

WOJASCHEER — Reisender
voyageur

So mancher Mann schnappt sich soi JOPPE
un PERSCHT sich leise aus em Haus,
zieht in die Wertschaft, trinkt soi SCHOPPE,
dut BALBUDIERE, kimmt er raus.

JOPPE — Männerjacke
jupe

PERSCHE — heimlich heran- oder davonschleichen
berser (afrz.)

SCHOPPE — ein halber Liter Wein
chopenne (nord- und ostfranz. Mundart)
chopine (afrz.)

BALBUDIERE — lallen
balbutier

Es will als was PARDU net giehe;
was DIFFISIL is das is schwer;
e GLATTJEE is net leicht se krieje;
SCHMAFUTTCHER mache die HONEER.

PARDU — um jeden Preis
partout

DIFFISIL — schwierig
difficile

GLATTJEE — französiert; ein Glattjee ist ein Mensch, der aalglatt ist

SCHMAFUTTCHE — verächtliche Bezeichnung für einen schmeichlerischen Menschen
je m'em fou de . . . — ich mache mir nichts aus ...

HONEER — Ehrenerweisungen
honneurs

Im FOO do hockt mer ganz manierlich;
e PERMISSION macht werre fit;
anstatt, daß ooner AFFRONDIERLICH,
do is mer besser met em QUITT.

FOO — Rücksitz im Wagen
fond

PERMISSION — Urlaub, Erlaubnis
permission

AFFRONDIERLICH — schwer beleidigend
affront — Kränkung, Beleidigung

QUITT — nichts schuldig
quitte

Mer dut wo wie PIK siwwe stiehe
un hot koo GRITZ im Kopp — wie dumm;
gefährlich is die TUR se krieje,
un eerscht es DIR, das haat oom um.

PIK — wie Pik sieben, d.h. durch etwas Unerwartetes ganz verwirrt und hilflos dastehen
pique — Spielkartenfarbe

GRITZ — Verstand
gruau — Grütze

TUR — seine Tur, d.h. seine Launen haben
tour — Ausflug

DIR — es „Dir" kriegen, d.h. sich benehmen wie einer der im Delirium ist
déliere — Delirium, Fieberwahn

E DOPPICH dut sich nix wie drehe;
e Kind wo PLÄRRE dut das KREISCHT;
ime AKUSCHEMAA gibbs Wehe,
die FEMM machts Kinnerkrieje leicht.

DOPPICH — Kreisel
toupie

PLÄRRE — weinen (nicht schreien gemeint)
pleurer

KREISCHE — in Rheinhessen bedeutet dies Weinen; über mittelhochdeutsch Krischen vermutlich zu Kreischen
cri — Schrei

AKUSCHEMAA — Entbindungsanstalt
accouchement

FEMM — Hebamme
femme

E LEFOSCHEE is for se schieße;
de SAPSCH is nix als wie Moraschct;
soi LOSCHEMAA dut mer genieße
hot mer soi KUSCHEE net im Knascht.

LEFOSCHEE — Jagdgewehr
Lefaucheux — französischer Erfinder und Hersteller

SAPSCH — durch Regen aufgeweichter Boden
sape — Laufgraben

LOSCHEMAA — Unterkunft, Wohnung, Habseligkeiten
logement

KUSCHEE — Bett (scherzhaft)
coucher — (hin)legen

Schee isses, wammer sich wo KUSCHELT;
dem wo's PAASEE is, giehts net gut;
un dem, wo oofach an oom FUTSCHELT
mer e DUBLETT verpasse dut.

KUSCHELE — sich anschmiegen
coucher — (hin)legen

PAASEE — es wird einem ganz paasee, d.h. farbig vor Augen; eine Übertragung der Vielfarbigkeit des Stiefmütterchens
pensée — Stiefmütterchen

FUTSCHELE — mit den Händen betasten
fouiller — durchsuchen, filzen

DUBLETT — Doppeltreffer
doublette

E OSCHERO das is e Klowe,
e MELAK bissich wie nor was;
uff manch e TORT do dut mer dowe,
im beese TIRAß rieft mer: Faß!

OSCHERO — derber, ungehobelter Mensch
Augereau — französischer General; er führte unter Napoleon I. in den französischen Revolutionskriegen in Oberhessen ein Schreckensregiment

MELAK — verächtlicher Schimpfname, auch für Hunde
Mélac — französischer General, der unter Ludwig XIV. die Pfalz verwüstete

TORT — jmdn. einen Tort antun heißt so viel wie einen Schabernack spielen
tort

TIRAß — Hundename
Duras — französischer General

Mer seet so schnell net LESCHEMUNKE,
denkt mer bei sich aach BÄSMOOKI;
ALANG soi Schnut eninsedunke
das is als nix wie FLADDERIE.

LESCHEMUNKE — leck mich am Arsch
léchez mon cul

BÄSMOOKI — leck mich am Arsch
baise mon cul

ALANG — überall
au long

FLADDERIE — Schmeichelei
flatterie

PISSOIR

Mer dut als uff de ABEE misse,
wo mer was Großes FASSONIERT;
gewehnlich dut mer dort aach PISSE,
wofor mer sich VEREXKUSIERT.

ABEE — das stille Örtchen
abort

FASSONIERE — formen, gestalten
façonner

PISSE — derbe Bezeichnung für urinieren
pisser

VEREXKUSIERE — entschuldigen
excuser

Uffs DUBBEE dut mer oone krieje,
rennt sich an ebbes glatt de DEEZ;
lescht UNSCHENANT wo oone ziehe,
doch macht koo Ferz un aach koo FEEZ.

DUBBEE — einen aufs Dubbee, d.h. einen aufs Hirn bekommen
toupet — Halbperücke

DEEZ — Kopf
tête

UNSCHENANT — nicht genieren
gênant — gehemmt

FEEZ — mach keine Feez, d.h. mach keine Sachen
fête — Fest

E BOBBESCHEES wie oon for Kinner,
in dene werd mer KASCHOLIERT,
un e KORSAASCH die macht nor dinner,
giehn alle Knepp zu, wanns PRESSIERT.

BOBBESCHEES — Puppenwagen
chaise — halboffener Wagen

KASCHOLIERE — kosen, verhätscheln, mit übertriebener Artigkeit behandeln
cajoler

KORSAASCH — auf die Figur gearbeitetes versteiftes Oberteil
corsage

PRESSIERE — eilig, dringend sein
presser

AKUMODAWEL is fascht alles,
FRAASCHMAA is besser wie verklemmt;
der wo ASWIT hot schnell de Dalles;
wer iwwerall, der is PRÄSENT.

AKUMODAWEL — was sich gütlich beilegen läßt
accommadable

FRAASCHMAA — freiheraus
franchement

ASWIT — immer ohne Ruh
ensuite — sodann

PRÄSENT — anwesend
présent

Es hot de Mensch als soi MALESSE;
er is MALAD un ganz MAROD;
aach soi Finanze, trotz FINESSE,
sein e DESASCHDER, 's Enn: Bankrott.

MALESSE — Unwohlsein, Mißstimmung
malaise

MALAD — krank
malade

MAROD — erschöpft
marode

FINESSE — Kunstgriff
finesse

DESASCHDER — Zusammenbruch
désastre

Französisches in Reimen und Sprüchen

Le böf, der Ochs,
la wasch, die Kuh;
ferm la port,
die Dier mach zu!

Wuleewu Kardoffelsupp
awek verbrannde Kleeß?
Noo, noo, Madam,
sche danke schee,
sche maasche liewer Kees.

Wollen Sie Kartoffelsuppe
mit verbrannten Klößen?
Nein, nein, gnädige Frau,
ich danke schön,
ich esse lieber Käse.

Schaa, schass de Gickel
aus em Schaddeng,
allewei kimmt e Gewirre!

Hans, jage den Hahn
aus dem Garten,
eben kommt ein Gewitter!

Ritzambo, Ritzambo,
moije gieht die Fasnacht oo

Ein Fastnachtsreim mit dem Namen des französischen Generals Ressembeau (oder ähnlich).

Mer sieht: franzeesisch is nix Fremmes,
die Mundart kriets schun in de Griff;
mer schnappes uff un iwwernemmes
un gewwem nor de letschde Schliff.

Register

Schriftliche Quellen

Albrecht/Raasch Wörter französischen Ursprungs in den saarländischen Dialekten, Saarbrücken 1987

Betram Französisches Wortgut und sein Wandel in der saarpfälzischen und rheinhessischen Mundart, Kaiserslautern 1940

Buss/Westermann So redd mer in Zelemochum, 2. Auflage, Bad Kreuznach 1979

Dang Darmstädter Wörterbuch, 2. Auflage, Darmstadt 1953 (3. Auflage = unveränderter Nachdruck)

Diehl Einige eigenthümlichen Wörter, Dalheim/Rhh. 1872

Engelhard Als Bingen zu Frankreich gehörte, Bingen 1963

Hoffmann Rheinhessische Volkskunde, Bonn 1932

Keiper Französisches im Pfälzer Volksmund, 2. Auflage, Zweibrücken 1891

Koch Wenn Schambes schennt, Rheinhessisch-Mainzer Schimpf-Lexikon, 6. Auflage, Alzey 1985

Kühn Aus dr Hamet, 2. Auflage, Kaiserslautern 1911

Küpper Die deutsche Umgangssprache, Stuttgart 1940

Martin Die französischen Wörter im Rheinhessischen, Dissertation Alzey/Gießen 1914

Mulch Südhessisches Wörterbuch, Gießen Band I bis VI, 1989, bis schluppchen

Post Die Mundart in Gabsheim in Rheinhessen, Kaiserslautern 1987

Post Pfälzisches Wörterbuch, Stuttgart Band I bis V, 1988, bis Rassel

Post Pfälzisch — Einführung in eine Sprachlandschaft, Landau 1990

Schäfer Von de Aal bis zu de Zwiwwele, Kleines Mundartwörterbuch für Frankfurt a. M.-Höchst und das Main-Taunus-Gebiet, Frankfurt a. M.-Höchst 1966

Schramm Dialekt in Rheinhessen, Mainz 1973

Schramm Mainzer Wörterbuch, 3. Auflage, Mainz 1966

Wasserzieher Woher?, 18. Auflage, Bonn 1974

Witte Wie uns de Schnawwl steht . . . Ein Wörterbuch Rheingau-Nassauischer Mundart, 2. Auflage, Frankfurt a. M. 1978

„Wuleewu Kardoffelsupp" im Spiegel der Presse

...mit „Wuleewu Kardoffelsupp" scheint Wilfried Hilgert ein weiterer literarischer Hit gelungen zu sein.

Allgemeine Zeitung, Bingen

...viele der Verse wurden durch Federzeichnungen von Johannes-Maria Rohr humorvoll illustriert. Die Bilder reizen zum Nachdenken und Schmunzeln.

Der Deutsche Weinbau

...ein Taschenbuch, das es in sich hat. Viel Kleinarbeit und Sammelleidenschaft, Forschergeist, Phantasie und Durchhaltevermögen haben nicht nur einen Schatz zutage gefördert, dem sprachwissenschaftliche Anerkennung gebührt. Wer Hilgerts bisherige Veröffentlichungen kennt, hätte sich gewundert, wenn er sich mit einem trockenen Sachbuch zufrieden gegeben hätte.

Alzeyer Woche

...ist ein Autor mit viel Herz und Gespür für menschliche Stärken und Schwächen, für Originale und Originalität. Seine Bücher sind alle lesens- und liebenswert.

Landbote

...Vierzeiler um Vierzeiler wird typisch Rheinhessisches mit Humor gewürzt lebendig, wobei all die vielen Wörter (ohne sich zu wiederholen!) vorkommen — gleich auf den offensichtlichen oder naheliegenden französischen Ursprung zurückgeführt. Ein alphabetisches Verzeichnis im Anhang erlaubt auch das gezielte Nachschlagen.

Binger Woche

...das Buch ist zweifellos ein Beitrag zur rheinhessischen Sprachforschung, es ist ebenso informativ wie amüsant. Die witzigen Illustrationen sind eine Bereicherung dieses „Wörterbuches".

Industrie- und Handelskammer für Rheinhessen

...ist es dem Autor gelungen, in einer unterhaltsamen Form einen geschichtlichen Bogen zur Vergangenheit zu ziehen und in einer originellen Verarbeitung den Abschnitt umfassend aus dem Blickwinkel von heute darzustellen.

Oeffentlicher Anzeiger, Bad Kreuznach

...die karikaturistischen Zeichnungen beleben nicht nur, sondern greifen Motive in Darstellungen auf, die den Zeiten entsprechen, in denen französische Soldaten und Beamte hier das Sagen hatten. Diese Zeichnungen sind sehr aussagekräftig. Das Büchlein wird sicherlich über das Gebiet der rheinhessischen Mundart hinaus viele Freunde finden.

Bad Kreuznacher Heimatblätter

...ist schon etwas Besonderes: Mit dieser Sammlung hat der Autor nicht nur ein kleines Lexikon vorgelegt, sondern vor allem eine köstlich-unterhaltsame Mixtur von Wurzeln und literarischen Wucherungen des verdeutschten Französisch im Sprachgut der Menschen in Rheinhessen, das sich wie Treibholz auf den Alltagswellen bewegt.

Er beläßt es nicht bei einer Gedichtsammlung. Er liefert „Übersetzungen", liefert die Anleitung zur leichten Lesbarkeit, hebt in der Schrift auch noch Nasallaute hervor — oder Betonungen. Das macht es selbst dem Nichteingeweihten leicht, den Klängen des „Rhoihessischen" zu folgen; mit Vergnügen außerdem... ein nicht minder liebevoll illustriertes Bändchen.

Allgemeine Zeitung, Mainz, Rhein-Main-Presse

... ein bemerkenswertes Büchlein, dessen Titel dem Leser wie ein Signal ins Auge springt. „Wuleewu Kardoffelsupp" könnte eine Frage sein, die wortwörtlich von der rheinhessischen Gastgeberin an die ins Haus aufgenommenen Gäste aus der französischen Partnerstadt gestellt wird.

Besonders beeindruckend ist die Fülle von Anlehnungen ans Französische, die in Wilfried Hilgerts Buch dokumentiert ist: nahezu 650 Redewendungen und Ausdrücke! Das ist ein Wortschatz, mit dem man sich - auf gut Rheinhessisch - schon in Frankreich durchschlagen könnte.

Nachrichtenmagazin Wörrstadt

... bis dato konnte sich das Geplapper der Gallier in der Volks- und Umgangssprache erhalten. Damit es nicht verblaßt, hat der schreibende Winzer dem Volk aufs Maul geschaut und dabei einiges abgeguckt.

Er hat wahre Sisyphos-Arbeit geleistet. Es ist eine amüsante Lektüre. Obwohl für den Raum Rheinhessen geschrieben, dürften sich auch die Koblenzer in dem Buch wiederfinden. Heraus kamen die reizvollsten „Kreuzungen". Geschichte zum Anfassen.

Rhein-Zeitung Koblenz

... Hilgerts Buch ist ein ebenso unterhaltsamer wie informativer Ausflug in die Eigenheiten des rheinhessischen Idioms, das selbst dort vom Französischen beeinflußt ist, wo wir es aufgrund der Verballhornung vieler Begriffe gar nicht mehr erwarten würden.

Reizvoll ergänzt werden die Ausführungen des Autors durch eine Vielzahl heiterer Zeichnungen, die der Wallhauser Lehrer Johannes-Maria Rohr beigesteuert hat. Das „Wörterbuch", das auch viele Vierzeiler und Abzählverse enthält, gerät somit zum liebenswerten Lexikon des „rhoihessischen" Dialekts.

Die Rheinpfalz, Ludwigshafen

Die schönste Widmung

(geschrieben zum 87. Geburtstag)

„Für eine, in der Schweiz
geborene, in Lothringen
groß gewordene, im Elsaß
lebende Straßburgerin,
die in ihrem Wortschatz
französisch, deutsch und
elsässisch beherrscht und
nun in das Rheinhessische
eingeführt werden soll“

Wilfried Hilgert,

geboren am 30. April 1941 in Horrweiler/Rheinhessen. Inhaber einer Weinkellerei.

Bisherige Veröffentlichungen:
,,Lebensbilder''
,,Du bist weil Du fühlst''
und ,,Bekanntmachung!''

Johannes-Maria Rohr,

am 7. Mai 1933 in Sien/Nahe geboren.

1955 Abitur am Staatl. Kurfürst-Balduin-Gymnasium in Münstermaifeld.

1957 Staatsexamen und erste Lehrerstelle in Münchwald.

1960 Schulleiter in Seibersbach.

1965 Hauptlehrer in Wallhausen.

Seit 1968 Rektor der Mittelpunktschule Wallhausen.

1979-1983 Studium an der EWH Koblenz (Didaktik des Faches ,,Bildende Kunst''). Daneben Gasthörer an der Fachhochschule in Mainz, Fachbereich Visuelle Kommunikation (1979 — 1981).
Mitglied im Bund Deutscher Kunsterzieher.
Seit 1991 hauptamtlicher 1. Beigeordneter der Verbandsgemeinde Rüdesheim/Nahe.

Weitere Bücher

im Verlag Wilfried Hilgert
Schmitt-Horr-Straße 10, 6537 Horrweiler
Telefon (0 67 27) 83 12 + 244, Telefax (0 67 27) 12 58

Lebensbilder

ISBN 3-924824-33-9
Gedichte von Wilfried Hilgert
mit Illustrationen von Karl Walden

„Bekanntmachung!"

ISBN 3-924824-58-4
Heitere Mundart von Wilfried Hilgert
mit Illustrationen von Johannes-Maria Rohr

Du bist weil Du fühlst

ISBN 3-924824-59-2
Gedichte von Wilfried Hilgert
mit Reproduktionen von Plastiken von Hannelore Hilgert

Wenn Sie nach der Lektüre von
„Wuleewu Kardoffelsupp" Appetit auf
„Noch mehr Französisches
in unserer Mundart"
haben:

Neuerscheinung im November 1991
Nachschlag Kardoffelsupp